早稲田教育ブックレット No.32

「先生は忙しい」というけれど…それって先生の仕事？

―フランスの教員の働き方を参考に考える―

はじめに

本書では、フランスの学校の先生たちがどんなふうに働いているのかを参考にしながら、日本の教員の働き方を考え直してみたいと思います。ただし、フランスが理想的だという理由で取りあげるわけではありません。そうではなくて、共通の部分もあるのでしょうけれども、やはり日本とは大きく違っているところもあるというところに私どもは注目しまして、その違ったところをあえてクローズアップして見てみることで、私たちが普段当たり前だと思っていることが必ずしもそうではないのだということに気づけたらよいであろう、というのがねらいです。ですから、「フランス」のかわりに別の国や地域を入れても、今回の企画は成立したかもしれません。たまたま、登壇いただく方たちがフランスに関わりがあるというだけのことです。限られた時間の中でいろいろなことをやるよりも、何か一つ軸をもっていた方がよいであろうという判断もありました。座談会形式でフランスの教員の働き方を覗き見してまいりますが、それに先立って、まず、宇都宮大学の上原秀一先生から、座談会の前提となる事項について簡単にご説明いただきます。

上原先生は、かつて、国立教育研究所（現国立教育政策研究所）、文部省におられて、フランスの学校あるいは教育行政について調べてこられました。この分野のエキスパートといってよい方です。阿部弘先生は、フランスの外務省在外教育庁の直轄校において、外国語としての日本語と日本文学を担当されている先生です。このような学校が世界各地に約五八〇校、日本には東京と京都に二校あります。これらの学校では、国民教育省が定めるプログラム（学習指導要領に相当）に沿って教育が行われています。授業は、一部の例外を除いてフランス語で行われています。阿部先生も仕事では日本語もフランス語も使っておられますが、母語が日本語であることから、私達にとっては大変ありがたい情報提供者の役割を担っていただいています。座談会の後でコメントをいただきます鹿毛雅治先生は、教育心理学がご専門です。慶應義塾大学では、教職課程の実質的な責任者の役割を担っておいでで、長年教員養成に関わってこられ、また、特に小学校の先生たちと一緒に授業作りに取り組んでこられた実績をおもちです。私たちがお話ししますフランスの事例と日本の先生たちの働き方とをつないでいただくうえで、適任の方と考えます。最後に、私は、元々はフランスの哲学が専門です。フランスの哲学、教育思想を研究するかたわら、フランスの学校もあちこち調査してまいりましたので、登壇者の皆さんと力を合わせて、フランスの先生方の様子をできるだけ具体的にお伝えできればと存じます。

二〇二四年一一月吉日

早稲田大学教育・総合科学学術院教授　坂倉　裕治

基調講演
フランスの教員の免許資格、身分、労働契約の概要

宇都宮大学共同教育学部教授　上原　秀一

私からはこの後に続く座談会のベースとなるような基本的な情報をお伝えします。【図1】を御覧ください。これは学校系統図と申します。日本は六―三―三―四制といわれますが、フランスは五―四―三―三制となります。コレージュが日本の中学校にあたります。リセ・職業リセが高校です。大学は学士課程が三年間です。初等・中等教育の段階では約八割の生徒が公立学校に通っております。フランスでは小学生から高校生まで、区別せずに生徒（エレーヴ）といいます。

日本と大きく異なる学校制度を一点指摘します。図の中にグランゼコール準備級と、中級技術者養成課程というものがあります。これらはいずれも二年間の短期高等教育機関です。日本の短期大学に相当するところです。これがフランスではリセに付設されております。ここが日本と大きく異なるところです。このうち、リセ卒業後に二年間通うグランゼコール準備級は、フランス屈指のエリート教育機関です。日本には存在しない制度です。日本の高等教育は大学、短期大学、高等専門学校で行われますが、フランスでは国立の大学と各専門分野のグランゼコールにわかれており、エリート教育はグランゼコールの方で行うことになっています。グランゼコールにはリ

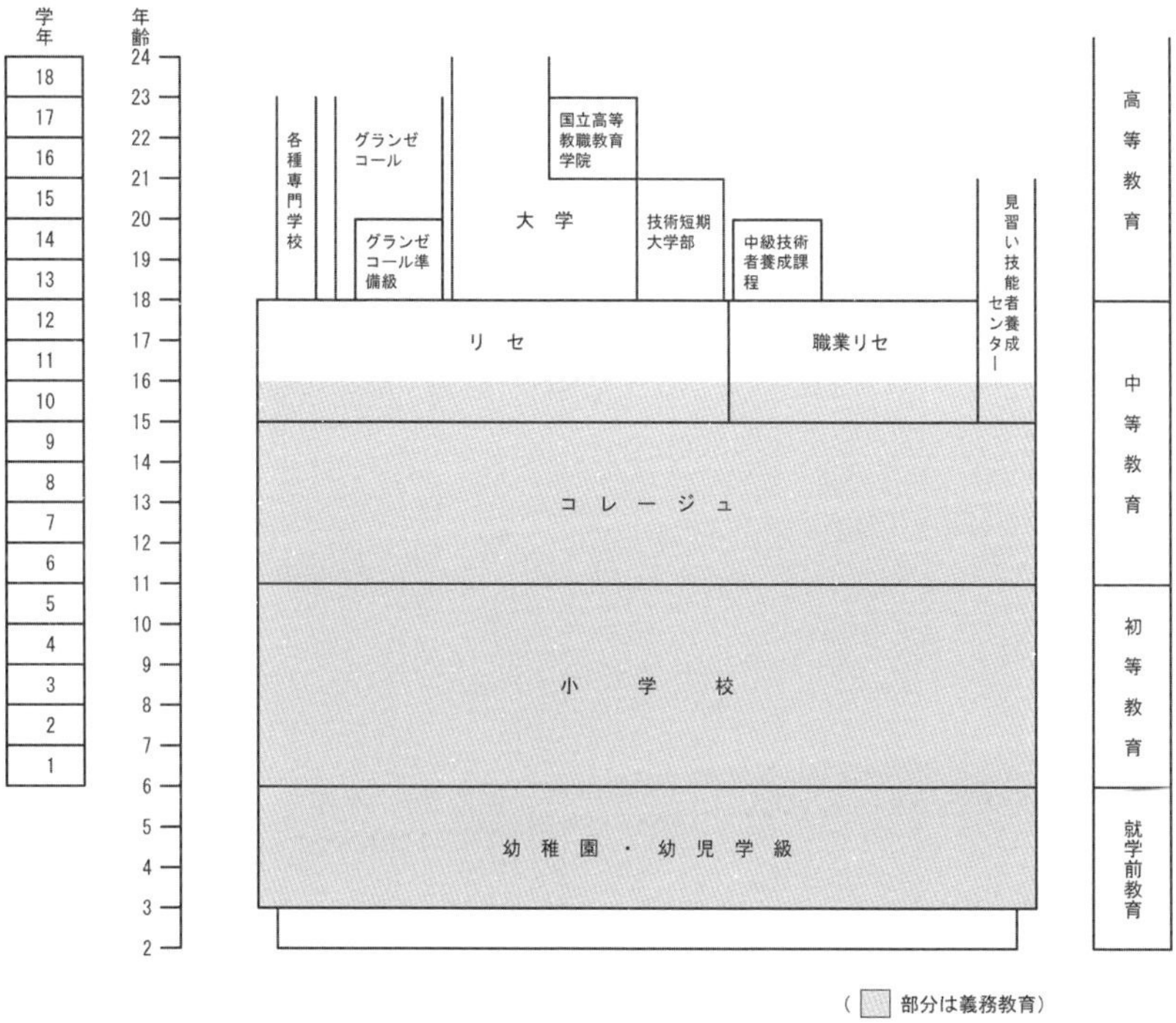

【図１】　フランスの学校系統図

出所）文部科学省「諸外国の教育指針」令和６（2024）年版

セを卒業後すぐに入る学校も一部ありますが、リセ付設準備級で二年間入学試験に向けた勉強をして、厳しい入学者選抜を経て入るのが一般的です。以上の二点が日本と大きく異なる制度です。

幼稚園は三～五歳児が通います。義務教育になっております。従来から幼稚園の在籍率はほぼ一〇〇パーセントでしたが最近義務教育になりました。約九割の幼児が公立幼稚園に通っております。ここも日本と大きく異なる点です。公立幼稚園は小学校と一緒に作られている場合もあれば、幼稚園単独で作られている場合もあります。二歳から就園することができまして、社会的に不利な地域にある幼稚園ではこの二歳児の就園を推奨するということがあります。

次の点がまた日本と大きく異なることです。公立と書きましたが、国立と公立の区別はフランスにはございません。なぜならばフランスの公立学校は学校の建物は地方自治体が作りますが、教員はすべて国家公務員です。人の面からいうと国立学校、建物の面からいうと公立学校、ということになりますので、日本の国立と公立の区別はフランスでは通用しません。

地方自治体について取り上げます。幼稚園・小学校は、約三五、〇〇〇ある市町村（commune）が設置することになっています。日本の市町村は約一、七〇〇といわれますので、いかにフランスの市町村の規模が小さいかがわかると思います。コレージュは一〇〇の県（département）が設置し、リセ、職業リセは複数の県からなる地方自治体である地域圏（région）が設置することになっております。先ほど申しましたように教員はすべて国家公務員です。日本の文部科学省にあたる国民教育省は、各自治体レベルに出先機関を置いております。この出先機関が地方自治体と協議しながら教員の配置や学校を運営することになります。別の言葉でいいますと、国が教育内容に責任をもっている、地方は教育内容以外のところに責任をもっている、ということです。つまり、国は教員を採用配置し、直接監督しています。教育内容の基準である学習指導要領（プログラム）も国が定めております。これに対して、地方自治体は学校の建物に責任を負っております。また教育内容に直接関わりのない職員を採用配置しております。たとえば、フランスの学校では給食は教育活動に位置づけられていません。食堂で昼食を食べるのですが、給食は教育活動ではありませんので、教員は一切関わりません。しかし、小さい子どもたちは自分で食事をすることが難しいですね。ですから、たとえばパリの場合ですと、市が雇った職員が面倒を見る形になっています。

教員は大学において通算五年で養成されます。学士課程三年の後、国立高等教職教育学院（IN-SPÉ）に置かれた職業修士課程で養成されます。学士課程のレベルで教員養成に特化した学部学科はありません。どの学部を出ても小中高校の教員を目指すことができます。二年間で教育職修士号（MEEF）という専門の修士号を取得します。日本と大きく異なる点は、教員養成が計画養成であるということです。つまりあらかじめ教員免許状を多数出して教員免許状をもった人が教員採用試験を受けて、合格すると教員になるという仕組みとは異なります。この国立高等教職教育学院という学校に入った人が教員になるということです。また、教育職修士号をもっていなくても、たとえば三人子どもを育てた母親などに特別な受験資格を与える採用試験もあります。ということで、日本の教員免許制度に当たるものがないというのも大きく異なる点です。教員の職務は学習指導（enseignement）です。日本でいう生徒指導（éducation）や進路指導（orientation）はそれぞれ別の専門家が学校に配置されて担っています。

教員資格には次のような種類があります。この資格というのは免許ではありません。教員採用区分といった方がよいかもしれません。教員に採用されて働く資格としては、幼稚園と小学校の資格が同一になっています。つまり採用試験の段階では幼稚園に務めるのか小学校に務めるのかわかりません。人事異動で幼稚園から小学校に行ったり、逆に小学校から幼稚園に行ったりすることがあるわけです。幼稚園・小学校教員は大体約三〇万人おります。フランスの子どもは一学年が約八〇万人ほどです。幼稚園三学年と小学校五学年に対して三〇万人の教員がいるということです。中等教育教員資格（CAPES）は、コレージュとリセの両方に勤める採用区分です。また中等体育教員資格（CAPEPS）という、コレージュとリセで体育を教える資格が別にあります。中等技術教育教員資格（CAPET）は、リセに置かれた技術教育課程で教える資格です。技術教育課程というのは、日本の専門高校に相当すると思います。さらに、職業リセの教員資格（CA-PLP）というのもあります。コレージュとリセの教員が約二五万人、職業リセの教員が約五万人いるということです。中等教育段階では、CAPESなどの資格とは別格のアグレガシオンという資格があります。このアグレガシオンは、先ほどのリセ付設グランゼコール準備級などで主に教えるための、より高度な資格です。CAPESで採用された教員が試験を受け直してアグレガシオンを取得する内部試験という制度もあります。以上のような種類の資格をもった教員が公立学校で働いています。教員の他に生徒指導専門員などの専門の職種があります。

勤務時間は週あたりの授業担当時間で定められております。幼稚園・小学校教員は週二四時間（このほかに授業以外の勤務時間が年一〇八時間＝週平均三時間あり、そのうち一八時間が教員研修に当てられる）、コレージュ・リセの教員は週一八時間、体育教員は週二〇時間です。アグレガシオンをもつアグレジェ教員はこれらよりも少なく、週十五時間となっています。授業時間以外は学校で勤務する義務がありません。

給与については、国家公務員の俸給表に従って支給されます。教員資格ごとに俸給表のどの部分に位置づくかが決まっています。アグレジェ教員の水準が少し高く設定されていますが、それ以外の教員の資格は同等です。教員の給与の水準を他の職業と比べたデータをOECD（経済協力開発機構）が出しております。こちらを見てみますと、フランスのコレージュの教員の給与水準は、同等の学歴の人と比べた場合〇・八三です。これはドイツの一・〇七やフィンランドの〇・九五と比べると低くなっています。一方でイタリアの〇・六九やアメリカの〇・六六と比べると高くなっています。日本はデータがありません。日本の教員の給与水準については、皆様に大体のイメージがお有りかと思いますので、ここでは省略させていただきたいと思います。

最後に、OECDが実施した国際教員指導環境調査（TALIS）に触れます。最新の二〇一八年のデータを見ますと、日本とフランスの先生たちの意識の違いが見えます。まず「現在の学校での自分の仕事の成果」に満足しているかを中学校の先生に聞いてみますと、日本は満足していると答えた人がたったの四九・〇パーセントで圧倒的な最下位です。調査票の訳語の問題も若干あるのではないかと私は思っておりますが、それにしても日本は相当特異な数字になります。フランスは八八・三パーセントと日本に比べてかなり高い数字ですが、これでも調査参加国中下から五位です。参加四八か国の平均は九二・七パーセントです。日本の先生たちがいかに奥ゆかしいかがわかります。

奥ゆかしいのかどうなのかは正直わかりませんが、それと絡めて解釈したいのが、次の「公的な教育や研修」のおかげで仕事の「準備」ができていると思うかという質問です。「担当教科の内容」について見ますと、日本の先生方は四五・四パーセントの人たちしか「準備」ができていると思っていない。フランスでは八二・九パーセントの人が教える「内容」には自信をもっているということです。「担当教科の指導法」の準備については、日仏ともにさほど高くはなく、日本四三・八パーセント、フランス五一・九パーセントとなっています。「もう一度仕事を選べるとしたら、また教員になりたい」かというと、日本で「また教員になりたい」という人は五四・九パーセントです。これは参加国の中で最低の数字です。フランスは七四・四パーセント、OECD加盟国の平均は七五・六パーセントが「また教員になりたい」と答えています。「教職は社会的に高く評価されていると思う」かという問いに対する肯定的な答えは、日本が三四・四パーセントですが、フランスは参加国中下から三位の六・六パーセントにとどまります。この数字をどのように解釈するかはなかなか難しいのですが、フランス国民教育省の解釈では、給与が低いことが問題なのではないようです。教員の意見や考え方が教育政策に反映されていないという怒りがあるようです。それで六・六パーセントという数字になっているといわれております。

日本とフランスを比べて面白いと思うのは、「学校での規律を保つこと」にストレスを感じると答えた先生の割合です。日本は三三・四パーセントです。これに対してフランスでは五八・四パーセントの先生が「学校での規律を保つこと」にストレスを感じています。一九八〇年代の日本の中学校ではおそらくこれよりもひどい数字だっただろうと思うのですが、フランスでは現在六割の先生が学校の規律維持に苦労しているということです。フランスの先生方にも悩みがあるのだろうということが数字からわかります。以上です。ありがとうございました。

座談会

東京国際フランス学園中高等部教諭　阿部　弘
宇都宮大学共同教育学部教授　上原　秀一
早稲田大学教育・総合科学学術院教授　坂倉　裕治

坂倉　軽めの話から始めましょう。私達三名は、日本学術振興会から補助金をいただいて研究を一緒にやっている共同研究チームのメンバーで、阿部先生がお勤めの学校に調査に入らせていただいています。朝一番早いと、八時から授業を見においで、といわれて、少し前に教員室に伺うのですが、先生方が優雅に雑談されながらコーヒーを飲んでいらっしゃいますね。

阿部　教員室のイメージは、日本とフランスではかなり違いますね。私は日本とフランスの両方で教員を経験しまして、今は東京のリセで働いています。フランスの学校の教員室をはじめて見た時、一番衝撃的だったのは自分の机がないことです。フランスの教員は学校の自分専用の机で仕事をする、ということがないのですね。朝八時に全教員が教員室に揃うということはありません。たまたま八時から授業がある先生は、大体七時半過ぎ頃にやってきて、コピーを取ったり、コーヒーが置いてあるのでそれを飲んだりしています。雑談といいますか、それ以外では同僚と話すチャンスがないのです。教員室でいつでも同僚とコミュニケーションが取れるわけではないので、たまたまいきあったときに、そこで話すほかありません。日本の学校だと教員室に自分の机がある、つまり、定位置があって、そこに物が置いてあって、たいていはいつも同じところに並んで座ることになります。フランスの学校では、真ん中にコーヒーを飲んだり、お菓子をつまんだりするテーブルがあって、個人の専用スペースとしてあるのは小さなロッカーだけです。本来は、その先生に何か連絡があったり、書類を渡したりするときに、郵便受けのように使うものだと思います。実際には荷物を置いてしまいますけれども。

坂倉 先生方が楽しそうにおしゃべりしながら、コーヒーを飲んでお菓子をつまんでいる姿を見ると、日本の学校の先生方が忙しそうに駆け回っているのとはずいぶん違うと思ってしまいます。

阿部 確かに、時間に追われる切迫感みたいなものはあまりありませんね。戦々恐々とするとしたら、朝コピーを取る人がたくさんいるので、コピー機が少しでも止まったときでしょうか。

坂倉 阿部先生の学校で、何人かの協力教員の方たちに特定の教科の授業を提供いただいて観察していますが、ある先生は、朝一〇時から午後にかけて、連続して四コマくらい授業を提供してくださり、またある先生には、朝八時から九時の授業の後、夕方四時から六時の授業を提供いただきました。そうすると、間の時間はどうされているのだろう、と思ってしまうのですけれど。

阿部 よくわからない動き方をする人も結構いるのですが、教員室にデスクがないということは、教員室は落ち着いて仕事をする場所ではないということですね。確かにパソコンが置いてあるので、私も仕事や添削を教員室でやるのですけれど、他の先生たちは空いている教室を使って添削などの仕事をする人もいらっしゃれば、授業時間以外は学校にいる義務がないので、外に出るとか場合によっては家に帰るということも可能です。週一八時間の授業を担当するのがフルタイムなのですけれど、それは、一時間の授業に対して一時間の準備時間や添削の時間というのが認められているという計算になっています。ですから何時間かけて準備をしようが添削しようが、契約上週一八時間の授業担当が、フランスでいう週三五時間のフルタイムとして計算されるのです。授業時間以外は、どこで何をしていても基本的には問題はないということです。ですから、なるべく授業をきつきつに詰めて学校に行く日の数を少なくするとか、滞在時間をミニマムにするという先生もいれば、授業をばらけさせて、授業と授業の間の時間はどこにいるかわからない、おそらくは一旦帰宅しているというタイプの先生もいるのですね。

坂倉　つまり、日本の大学の教員の働き方に近いのですね。生徒の動きも日本と違います。小学生は一人で登校してはいけません。必ず保護者が校門まで届けます。フランスの学校は校門の外で起こったことに一切責任を負いません。ですから親が責任をもって学校に送り届けて、終業時間に合わせて迎えに行かなければいけません。お父さんとお母さんが大体半々なのを見ても、男女同権がフランスではいかに確立しているかがわかります。朝と午後のそれほど遅くない時間に、父親も子どもを迎えに行けるような勤務の仕方を選べるのです。中学生は登校すると、全体の終業時間まで学校の中にとどまらなければなりません。ところが、高校生たちは授業がある時間だけ学校にいればよいので、出入り自由です。つまり日本の大学生と同じような動き方をしています。ですから、リセに関していうと、生徒も先生も、動き方が日本の大学とほとんど同じです。それから、教員の勤務形態ですが、フルタイムの半分といったことができるようなのですが。

阿部　上原先生からもお話がありましたが、フランスでは教員採用試験は空きのあるポストについて募集する形をとっているので、教員の資格は日本のような免許ではなく、採用区分ということになります。採用の際、ミ＝タン（ハーフタイム）といわれる雇用があります。担当授業は、必ずしもフルタイムの半分となる九時間と決まっているわけではなく、それよりも少ないこともありますが、契約として、半分の業務を担うということです。場合によっては、産休、育休を取る教員の代替として、一時的にこうした雇用契約の教員を雇うこともあります。あるいは、埋めるべき授業数によっては、時間講師を雇用することもあります。

坂倉　教員が必ずしも学校に張り付いていなくてもよいということでしたが、一番驚いたのは、フランスのある町の大学図書館で文献調査をしていたとき、隣で哲学科のバカロレアの採点をしている教員たちがいたのです。バカロレアはリセの卒業資格と大学入学資格を兼ねた国家資格で、採点は一枚いくらという報酬を得てリセの教員が担っています。大学図書館ですから、誰でも入れるというわけではないのですが、もし、日本で入試相当の答案を図書館で採点したら、職を失うと思います。ですから、フランスの場合、授業期間の課題の添削や期末試験の採点なども、学校の中でやる必要はなくて、図書館や自宅でやるということもあるのでしょう。

阿部　私はどちらかというと学校の中で採点をしますね。家に帰るとやりたくなくなってしまうので。フランス人の教員の多くは学校にいることを嫌うみたいで、授業が終わったらすぐいなくなります。自宅で自分のペースで添削などをするようです。課題の添削は、日本の丸つけとは違って、基本的には記述式、小論文のようなものですから、時間がかかるということもあります。

添削にどれだけ時間をかけるかも、先生によって違うようです。学校は授業をやる場所で、それ以外の仕事は必ずしも学校ではなく、自宅や図書館などでやるのが一般的なように思います。

坂倉　課題の採点、添削は、日本よりもフランスの方が、負担感があるかもしれません。正解、不正解の印をつけるのではなくて、細かく文章を直す先生も多いように思います。

阿部　小論文といわれるものは、A4の紙に一人七、八ページも書いてくるので、それを一日、二日で採点するのは大変です。どの程度直すのかは先生によります。細かく減点していくのではなく、全体的な出来を見て総合的に点数をつけます。このあたりも日本とはかなり違いますね。

坂倉　先程、上原先生のお話の中で、フランスの先生方が規律を維持するのにストレスを感じておられるという話がありました。私には意外でした。私の知る限り、ある限度を超えて規律が乱れると警察のお世話になるので、フランスの学校では先生が責任をもつ範囲は日本よりもかなり限定的だと思っていました。また、フランス本国の学校を見ていると、確かにいろいろなことが起きるのですけれど、それでも、教室の中で先生が尊敬されていますね。特に小学校、コレージュぐらいの子どもたちにとって、先生は怖い存在なのです。日本の場合はどちらかというと、フレンドリーな先生がよいとする雰囲気がありますが。

阿部　私は中等教育の教員ですが、小学校の先生は猛獣使いに喩えられることもあります。うるさい子どもを鞭でいうことをきかせるイメージです。教員の感情で抑えつけるのではなく、ルールによって縛るのです。ルールから外れたことをすると、徹底的に叱られる。例えば、他人が話しているのをきちんと聴かないと叱られる。そういうことが小学校の段階で徹底されています。

坂倉　フランスの学校にはじめて伺ったとき驚いたのですが、誰であれ大人が教室に入ってきたとき、たとえば授業中に看護師が入ってきたとき（フランスの学校には看護師が常駐していて、身体のトラブルには看護師がまず対応して、手に負えないとなると医療機関につなぐので、教員が医療的な対応に関わる研修を受けることはありません）、子どもたちが無言で一斉に立ち上がるのです。それが敬意の示し方なのだそうです。このあたりのけじめのつけ方が、日本とフランスでは、大きく違うように思いますね。

阿部　そうですね。そもそも、教室に生徒だけでいるということがありません。生徒は常にどこかで誰かに監視されている状態でなければならないことになっています。たとえば、保健室にいるのであれば、それが各教員の出席管理のためのアプリケーションソフトで情報共有されて、どの時間に当該の生徒がどこにいたのかがわかります。遅刻して教室に入るときは、何時までこの生徒はここにいましたという紙をもって教室に行くのですね。担当の先生が入室を許可しない限り、勝手には入れないのです。寝坊した場合には、しっかり謝って入れてもらうしかないのですけれど、先生が拒絶したら入れない。それがフランスの仕組みです。そもそも空き教室には常に鍵がかかっています。授業前、生徒たちは廊下や校庭で鍵をもっている先生を待ちます。ですから、生徒だけが教室にいるということが原則ありえないのです。教員も、時間ごとに違う教室で授業する可能性があるので、この点も、日本の大学と似ているかと思います。教員が教室の鍵をもっているということ、鍵を開けている時間は、授業をしている教員が教室で起こったすべてのことに責任を負っているということですね。たとえ校長でも、担当教員の許可がなければ教室に入れないのです。他の先生の授業に勝手に入って見学といったこともありません。教室の中で起こることの管理、規律の維持ということは、担当教員が全責任を負っているのです。

坂倉　その責任の重さはわかるのですが、日本よりもはるかに容易に学校内の規律が保たれる仕組みができているように思います。日本の場合は教員たちが意識的に頑張ってチームを組まないと、走り回っている子どもを教室に入れるだけでくたびれ果ててしまうような現実があるわけですが、それはフランスではありえないと思います。

上原　OECDのTALISという調査のデータを紹介しました。規律を守るのに苦労している先生が六割もおられるというのは驚きの数字なのですが、日本の一九八〇年代の中学校の校内暴力が凄まじかった頃と同じなのかというと、違うところがあるのかもしれません。つまり、阿部先生がおっしゃったように、担当授業時間に責任を負っていますから、授業中に規律が保てないことに苦労しているのではないかと思います。たとえば不規則な発言にどう対応するのかとか。同じ調査の中に、校長先生の回答データもあって、そこでは子ども同士のトラブルにも言及されています。授業を担当している教員たちの意識の中では、おそらく授業の時間中に規律を維持することに苦労しているということ、裏を返せば、授業以外では生徒たちとの交流が少ないということでもあるわけですね。日本では、授業はもちろん、授業時間以外でも子どもとの交流が良くも悪くも密で、その点は、フランスとは大きく違います。そもそも、生徒指導という概念が違うのでしょう。生徒指導の専門家が授業時間以外に子どもたちを監督しますし、学校での生活上の悩みにも対応するので、専門的なトレーニングを積んだ人が教員とは別に学校に配置されているのが大きいと思います。日本の先生は、学習指導と生徒指導を一体的に捉えて、両方に責任を負うことが求められています。この点が、フランスとは大きく異なると思います。ですから、規律の維持に苦労するという場合、頭に思い描くイメージは、校長先生と個々の先生方の間で違っていて、個々の先生方の悩みはあくまで担当授業の中でのことなのでしょう。

坂倉　授業以外での子どもとの関わりについて、上原先生が触れられましたが、特に小学校の場合、フランスなら校門の外で起きたことに先生は関わらないですね。そうすると、登下校の指導はありえません。せいぜい、校門の中で校長先生が「おはよう」と子どもたちを迎え入れるようなことがあるだけで、授業を担当している教員は、それには関わりません。通学路での見守りも、近隣のパトロールも、家庭訪問などもありません。

阿部　そうですね。ただ、東京のリセの場合は、日本の法律とフランスの法律が異なるところがあるため、特別かもしれません。たとえば、フランスでは一八歳で成人、飲酒・喫煙も許されます。一方、日本では許されていませんので、学校外で生徒が飲酒・喫煙をしているのを見れば、教員は注意することになります。フランスに行ったばかりの頃、非常に衝撃的だったのは、タバコを吸いたい高校生は、校門の外に出たところで吸うのですね。場合によっては、隣で教員も吸っていて、時には、火を貸してくれとか、タバコを分けてくれとかという話をしているのです。校門の内側では教員と生徒なのですが、その関係性を校門の外には持ち出さないのですね。

坂倉　フランスの先生は生徒指導にはほとんど関わらないのですが、教科の指導には熱心な印象があります。教科書の扱い方も日本とは大きく異なっていますね。

上原　日本では検定教科書を使用する義務が先生に課されています。全国の小中学生に無償給与、高校生は自分で買いますが、検定教科書を必ず使うことになっています。フランスでは、教科書会社が自由に発行する教科書は存在していますが、必ずしもそれを使用する義務はありません。教材は自由に先生が決められます。教科書は一定部数、学校が購入して、これを生徒に貸し与えます。借りた教科書を汚損したり壊したりすると弁償させられます。フランスの教科書は、分厚くて非常に重いのですね。日本でもランドセルの中身が重すぎるといったことが話題になりますが、フランスの教科書はとてつもなく重いです。多くの生徒は、学校のロッカーに入れっぱなしで、自宅に持ち帰りません。それとは別に、千円ぐらいの練習帳を指定して生徒に買わせることもありますね。学用品は、日本ですと同じものを学校で出入りの業者からまとめて購入することが多く、先生が集金されているようです。フランスでは、新年度が始まる時に、必要なものの一覧を校内に張り出したりインターネット上のサイトに掲示したりして、その指示にしたがって、家庭で揃えることになっています。鉛筆が何本とか、ノートが何冊とか、細かく決まっています。国民教育省は毎年、学用品リストのモデルを提示していて、これを参考に各学校の校長がリストを作成して保護者に示します。フランスでは、困窮家庭向けに、子ども一人に四万円ぐらいの新学年手当が支給されます。社会保険のための公庫から保護者に直接現金給付されます。

坂倉　日本の先生方からは、集金業務に関わるストレスのお話をときどき伺います。給食費、遠足、修学旅行などの費用とか、共通のリコーダーを買うとか、算数セットとか、先生たちの集金業務はかなりあって、払ってくれない親がいると延々と業務が終わらないなどという話をよく耳にします。フランスでは集金業務はありませんね。

阿部　お金を集める機会はないですね。校外学習などの機会でも、公共交通機関を使う場合に学校から予算が出る場合もありますし、個人もちの場合は生徒それぞれが交通費を用意するので、教員が集めるといったことはないですね。各家庭で揃えるべき学用品のリストについて上原先生がお話しされましたが、フランスの学校では、赤青緑のボールペン、決まった色のマーカーなど、絶対に必要なものがあります。一方、体操着、上履きなどの学校指定用品はありません。

坂倉　修学旅行、林間学校などの行事もほとんどないですね。

阿部　日本のように学校とか学年単位で決まった行事はないのですが、何か企画をもった先生がいて、管理職の許可を得て予算が確保できれば、子どもたちをどこかに連れて行くということはあります。その場合、学年として行く場合もあれば、特定のクラスだけで行く場合もあります。とにかくすべてが教員主体でやっているので、決められた行事だからしかたないという感覚で働いていないということが、日本と大きく違うと思うのです。

坂倉　付随していくつか申し上げたいのが、まずフランスの学校には、ほぼ通常教室しかありませんね。例外として、東京のリセの場合、代替施設がないので、学校内に体育館やプールがありますが、本国の学校にはプールがないのが普通です。水泳は、地域の公共プールを一時的に学校専用にして、学年ごとに分散して行っています。ふだんプールで指導員の仕事をされている方たちが、生徒たちの指導に関わります。ですから、教員にはプールの管理業務は課されません。給水栓を閉め忘れた先生に高額請求が後からくるなどということは起こりようがないのです。

阿部　東京のリセのプールは、管財課の職員が管理していて、水張りや苔を落とすといった作業を教員が担当することはありません。教員は、生徒を連れていって水泳の指導をするだけです。

坂倉　コロナ禍の時に、日本の先生方が机などの備品の消毒をされていたという話がありますが、フランスの先生たちが掃除とか消毒といった作業をするなど、とうてい考えられませんね。

阿部　そうですね。そもそも学校の掃除をするのは日本の独特な風習だと思います。フランスの子どもたちは、ゴミや消しゴムのカスを、ポイポイ床に捨てるのですよ。きちんとゴミ箱に捨てなさいと注意をしたりしますが、床がどれだけ汚れていようと、机がバラバラであろうと、お構いなしです。あちこちの教室で授業を受けますから、自分の机という感覚がないのでしょうね。

坂倉　それから、日本と大きく違うのが、入学式、始業式、終業式、卒業式などがないので、管理職がスピーチを用意する必要がありません。学芸会なども年中行事としてやることが決まっているわけではありません。やりたい先生がいれば、似たようなことをやることはできますが。それから、難しい親への対応は、個々の教員ではなく、管理職が引き取っているようですね。

阿部　それも管理職がどのような人であるかによって変わってきますね。確かに、いわゆる保護者のクレーム対応は、個々の教員が直接担うことはあまりないように思います。親と教員との間に、管理職がワンクッション入っている感じがありますね。

上原　校長のあり方は日本とは少し違っています。フランスでは校長の役割は、初等教育と中等教育とではまったく違います。幼稚園、小学校の校長は授業を担当しています。教員のリーダーであって、いわゆる管理職ではありません。初等教育機関の管理業務は国民教育省の出先機関にいる指導主事のような立場の人が担っています。管理職が学校の外にいる形です。中等教育機関では校長の責任は格段に重くなります。コレージュ、リセは、独立法人として法人格をもっています。フランスの教員は国家公務員ですから、国（国民教育省）から監督を受けます。施設設備等については地方公共団体が責任をもっていて、校長は施設管理の理事会で議長の役割を担っています。

坂倉　なるほど。大きく日本と違う点として、教員に与えられる特典にも触れておきましょう。フランスでは、教員が「自ら学び続ける存在」として考えられていて、それを支援する特典が用意されています。たとえば、国立の博物館、美術館などは無料で入れます。かつては外国の教員にも適用されていましたから、私もルーブル美術館やヴェルサイユ宮殿に無料で入ることができました。サルコジ大統領のときに、経費削減のために、「教育パス」を所持している人だけに適用される特典となりました。校長あてにまとまった数のパスが渡されて、校長から教員に配分されます。国外の教員がこの特典にあずかれなくなったのは残念ですが、地方公共団体、例えばパリ市が運営する美術館などは、現在でも、従来どおり外国で教員の職にある人も無料で入れます。自国の文化を他国に理解してもらい、好意的な印象をもってもらう絶好の機会だと思うのですが。

阿部　そうですね。昔は教員だと証明できれば、誰でも無料でした。今はパスをもっている人だけですね。サイトによると、フランスに一六〇以上ある国立の博物館などを無料で利用できます。生徒たちに芸術や人間性に関わる部分の指導を深めていく準備をするためであるようです。

坂倉　目の肥えた教員たちに応えるような展示説明が必要になりますから、一般向けの説明と、進んだ人向けの説明が二重に用意されているところもあります。ですから、美術館、博物館の学芸員は優秀で社会的地位も高いのが、フランスの一つの特徴だと思います。日本では、学芸員や司書などが専門職として十分に高い地位、尊敬を得ていない面があるように見えるのはとても残念なことです。司書もとても尊敬されていますね。学校の図書室には司書が常駐していて、大活躍されていますね。さて、もう少し教員特典に立ち戻りたいのですが、フランスでは、大学だけではなく、初等、中等教育機関の教員にもサバティカルの制度がありますね。二〇年前くらいに伺ったのは、リセの英語の教員がイギリスの大学に留学して資格を取り、授業で還元したいというような計画書を書いて、認められると一年間授業も校務も免除されて、身分と給与が保証され、滞在費も出してもらえるなど、大学教員のサバティカルと同じような話でした。現在では大学の教員もなかなかサバティカルが取れないようなので、簡単ではないのでしょうけれども。

阿部　以前は教員の特典のように考えていたのですが、一般に国家公務員は、生涯で通算三年、休暇が取れるはずです。一般企業にも似たような制度があるようです。ただ教員の場合は、何か特別の事情があれば、無給でお休みはできるとは思いますが。通常は、バカンスの期間がありますから、一年丸々休まなくても、並行していろいろ学ぶことは可能だと思います。フランスでは、一般企業に勤めている場合、年間五週間の有給休暇を取れることになっています。夏にまとめて取っても、分散して取ってもいいのです。教員の場合は、授業期間に授業をして、バカンスの期間は授業のやりようがないので、その期間が結果的に有給休暇となります。夏については、七月上旬で授業期間が終わって、九月はじめまでの一ヶ月半ちょっと、お休みになります。九月に新年度が始まって、十月後半ぐらいまでの一ヶ月半ぐらい、だいたい七週間ほど授業をすると、二週間のバカンスがあります。その後はクリスマスから年末年始に二週間、二月後半から三月初めまでの二週間、四月末から五月初めにかけて二週間といった具合にバカンスがあります。

坂倉　バカンス・スコレールと呼ばれる、学校の授業がない期間に、親も有給休暇を取って旅行に出かけることが多いようです。一斉にバカンスにすると、交通機関などが大混雑するので、地域ごとに少しずらして期間を定めているようです。強調しておきたいのは、このバカンス中に、小学校登校日などというものは存在しません。さて、次に教員の研修を話題にしたいのですが、小学校の教員に対しては、年間一八時間の研修が義務として課されていて、おおむね評判が悪いようです。これに対して、中等教育の教員には、一斉で課すようなタイプの研修はないようですね。

阿部　プログラム（学習指導要領）が改訂されたときなど、自分の教科について理解を深め、情報共有するといったような企画があると、希望者が多くなるようです。年度始めには、その年に予定されている各種研修のリストが示されて希望者を募ります。たとえば、東京のリセの場合、アジア太平洋地区のどこかで実施される研修に参加することが一般的です。教員自らが主体的に探し、参加したいという要望を出して校長から認められると、最低限の旅費や滞在費をすべて払ってもらえるので、参加したがる教員は多いようです。私自身、日本の学校に勤めていた頃は、研修と聞くとすごく面倒くさいもの、行っても辛い思いをするだけのものという印象でした。例の免許更新講習など、何日も大学に教員を閉じ込めて、教えている側も教わっている側も負担感が滲み出ていたように思うのですけれども、フランスの教員たちが進んで研修に行きたがる、自ら進んで学んで授業に活かそうとする姿勢は、日本の教員よりもはるかに強いように思います。

坂倉　義務として一律に課されている日本の教員研修とは、フランスの様子は随分違いますね。

上原　日本では教育基本法第九条で「教員は（中略）絶えず研究と修養に励み、その職責の遂行に努めなければならない」と定められています。一方、フランスでは義務というよりも公務員の権利として研修を位置づける基本原則があるようです。しかし、坂倉先生がいわれたとおり、フランスでも二〇〇八年から小学校の先生には年一八時間の研修が義務づけられるようになりました。この義務を中等教育教員にまで拡大しようとする動きもあるようですが、学校現場では消極的に捉えられているようです。

阿部　やはりフランスの教員にとって、研修は権利、自分の専門性を高めていかないといけないという責任感に支えられている権利なのだろうと思います。

上原　日本の教員とフランスの教員の働き方を見ていて大きく違うのは、日本の教員の場合はいろいろなことをやらなければならないのですけど、フランスの場合には基本的に授業、知育についてしっかりやれというミッションが非常に強く出ていて、それ以外のところは別の専門性をもった職員が担う仕組みが明確に出来上がっているということです。教えることに関しては日本よりも多くの仕事をやっているかもしれないのですけれど。

坂倉　確かに、フランスの教員は自分の担当授業については文句をいうことがありません。責任をもってしっかりやる先生が圧倒的に多いです。ところが、休んだ先生の代講をしろという話になると、強烈に抵抗します。要するに、自分がやりたくてやっていることは、とことんやるのだけれど、やらされている感じがあると強く拒絶するのですね。すぐにストライキを打ちます。フランスでは、先生だけでなく、圧倒的多数の労働者たちのあいだで、何か受け入れがたいことがあるとストライキをするのがごくあたりまえのことになっています。このあたりの様子は日本と大きく違いますね。時間がきてしまいました。ここで一旦終わりにして、鹿毛先生から、長年教員養成に関わってこられた経験などもふまえて、コメントをいただければと存じます。

コメント

慶應義塾大学教職課程センター教授　鹿毛　雅治

あらためてお呼びいただいてよかったと思っています。日本の学校や先生方の間で当たり前だと思っていたことが当たり前ではないということが非常によくわかりました。私からは、先生方と一緒に授業作りの仕事をしているという立場から、少しコメントしてみたいと思います。今日のテーマは「先生は忙しいと言うけれど…それって先生の仕事」です。ご存知の通り、いわゆる給特法と関わって教員の残業が話題になっていて、俗に「定額働かせ放題」という言葉がNHKで使われた時に、文科省から反論があったことが最近話題になりました。お金が欲しいわけではない、残業を減らしてくれ、というような先生の声ですとか、最近は部活動などは改善したけれども、生徒指導や保護者対応などで忙しさは変わらないとか、声をあげなければ絶望のままだ、というような先生方の声が聞こえてきます。

給特法は、そもそも教育職員の職務と勤務容態の特殊性ということを前提にしていて、教師は自主的、自発的、創造的な仕事なのだから勤務時間を明確に定めることはできないということで、職務の特殊性、さらにいうと専門性を認めるという趣旨で制定されたものです。超勤四項目ということが定められていて、実習、学校行事、教職員会議、非常災害など、やむを得ない場合のみということです。法の趣旨からすれば、働き方について専門性を認めるということですが、実際には自発的な仕事というところが肥大化して、自主的にやっているのだということで働かせ放題になっているのかと思います。超勤を認めるということです。

教師という仕事の本質という観点から考えてみたいのですが、私も関わった仕事として、日本教師教育学会が『大学における教員養成の未来』（学文社、二〇二四年）という本を出しました。学部でも大学院でも、大学としてどのような教員養成をするのか、グランドデザインを提案しています。学会が主体となって研究したプロジェクトですが、教師という仕事を、未来の社会に生きる子どもたちの学びを促し、人としての成長をさせるユニークな仕事、市民性や豊かな感性を基盤とした学びと成長の専門家と捉えています。まさに自律的でクリエイティブな高度専門職として改めて確認すべきだと主張しています。今日のテーマと重ね合わせますと、教師は専門性が求められる自律的な仕事なのだから、それを発揮することとそれに伴うやりがいが感じられるような唯一無二の、非常に意義のある仕事であるはずだということを改めて確認したわけです。

果たして実態はどうなのか、まさに今日のテーマ、「それって先生の仕事なのか」、「先生は忙しい」ということが我々の共通の問題意識として浮上しているということだと思うのです。今回、私の周辺にいる大学院生でかつ現職教員の四名に、改めて本音を聞いてみました。三名は小学校教員、一名は高校の教員です。まず、やりがいを感じるときは、「授業が楽しくできたときです。私の予想を超えて子どもたちが素敵な考えや問いを出して、それが学級の中でつながって豊かに広がっていくのを感じるとき、子どもってすごいなあ、この仕事は本当に面白いなあと感動します」とか、「子どもとともに見えない答えを追究し、教師が考えている以上の言葉を子どもが紡ぎ出したときは、感動しながら、この仕事をやってよかったと思います」というようなことを書いてくれました。あるいは、子どもが課題に真剣に夢中で取り組んでいる姿を見たとき、とか、生徒に教えていて教師と生徒ともに熱が入っているときだとか、あるいは学級の進む方向に対して保護者の同意が得られたときにやりがいを感じるといった意見もありました。次に教師がすべきだとは思えないのにしなければならない仕事はありますか、と聞いてみました。「職員トイレの掃除は教師が持ち回りでやっています。放課後や土日の仕事です。公的な施設（市役所など）で、職員がやっているところは、どれだけあるのでしょうか」とか、休み時間に子どもが怪我をしたことでクレームがあって、看護当番を決めて先生たちが必ず校庭にいるようになった、鍵の管理もするので自分の授業を早めに終わらせて誰よりも早く校庭に行かなければならないとか、逆に子どもと遊んでいるとサボっていると思われることもあるというのですね。本来は警備員さんや用務員さんの仕事ではないかと思います、というような声もありました。他にも、次々にたくさん出てきました。例えば、プールの施設管理・清掃、プールに出る虫（セアカゴケグモ）の駆除とか、SNSのトラブル対応、小まめに保護者に連絡しなければならないとか、休日の模擬試験監督、会計処理データ入力、業者とのやり取り、さらにはワックスがけなども出てきました。要するに環境整備ですね。グラウンドの整備や草取り、庭木の剪定、さらには「何かをさせたいがための研修（「飲酒運転防止のための研修」など）」という指摘もありました。研修の本来の意味は、研究と修養ですよね。ところが、本義を外れて「こなすもの」になってしまっています。

交通安全指導、登下校の指導もあります。フランスですと、校地の外に出れば教師の仕事の範疇ではないということですが、日本の場合はそこも含めて教師の仕事になっていますね。災害時の避難場所設営というのも、東日本大震災の時、仙台の先生たちが避難所になった学校で、公務員として、生活の世話などをされていましたね。枚挙に暇がないほどこうした類のことが出てくるわけです。

やりがい搾取という言葉があります。これは仕事に対して感じる充実感や手応えを利用して必要以上に働かせることです。これについても、例えば高校の先生から「バレーボール部では部員が四名と少ないですが、部長の生徒はやる気があり、休日も練習したいようです。正直にいうと、休日には部活動はしたくないのですが、生徒のためを思って、休日も部活動をしています。加えて、大会に出場したいと要望があったため、他校に電話をして合同チームのお願いをしました。合同チームでの練習のために車で生徒を引率しています。前校長は私が顧問を務めることを決める際に、休日は練習しなくてもよいと助言してくれましたが、生徒のことを考えると練習日は減らせません」と書いてくれました。あるいは、「共通テストを受験する生徒のために会場に応援に行っています。会場では点呼をし、休み時間やお昼は生徒を見守り（？）ます。共通テストは土日なので、土日に応援に行くわけですが、昨年度まで手当てなどはまったくありませんでした。進路課長は無償で応援に行くのは当然と思っている節がありました」という意見もありました。背景に、日本の学校の文化があるのですね。専門性の発揮とやりがいということを中心に考えるなら、教師のやりがいの本質は、教育実践、特に授業を通した子どもの学びと成長にあるはずです。この点については、フランスの先生方もいい授業をするということにプロとしてのやりがいを感じていらっしゃるのだと感じました。日本でも、民間の調査で明らかになっています。やはり教材研究はいくら時間をかけてもやりたいという意識があって、この点は国を超えて教師という仕事の本質なのかと思うわけですね。国の方でも問題を深刻に捉えているようで、ブラックといわれる教師の仕事を改善しようと、二〇一九年に文科省は三つアプローチを打ち出しています。一つは、学校がやらなくてもいいことを区別する、二つ目は学校がやるべきだけれども教師がしなくてもいいことを区別する、最後に、教師がやるべきとされていることについて、その負担を軽減するということです。教師にしかできないことに特化するというのは当然ですし、その論理的な帰結として理解できます。

　日本もこうした方向に舵を切ろうとしているのですが、日本の学校の特徴として、トータルな人間形成を目指すということがあって、特別活動、例えば行事なども教育課程に含まれています。しかも、生徒指導、進路指導の専門家が配置されているわけではないので、役割分担がされずに、丸ごと教員が抱え込んで子どもを育てているということが、良くも悪くも日本の学校の特徴となっています。ですから、子どものためという理由で仕事が肥大化するのですね。たまたまある学校に行ったとき、雪が降っていたのですが、校門に至るまでの通学路の雪かきを先生方がされているのですよ。子ども想いなところはよいとしても、結果的に搾取になっているのですね。

　もう一つ指摘したいのは、同僚性です。日本の学校は同僚性を重視して、それが指導の基盤になっているという風に考えているし、同僚性について研究している人は、非常にポジティブにこの言葉をとらえています。しかし、逆にいうと、足並みを揃える圧力ということでもあり、自分だけ勝手なことはできない、と自制しがちです。もしかしたら、私たち日本人が暗黙のうちにもっている文化的心性なのかもしれません。

最後に是非考えてみたいのは、教師の仕事の本質は、専門職としての自律性にあると思います。先程の日本教師教育学会の提案でも、この点はかなり強調していて、国は「学び続ける教師」という言葉を使いますが、実際は研修づけで「学び続けさせられている教師」になってしまっています。学会ではあえてその前に「自ら」を入れて、「自ら学び続ける教師」というフレーズを提案しています。このような視点からどうあるべきなのかを我々は考えなければいけないと思います。その際、「教師としての私」という言葉を主語にしづらい文化が日本にはあるのではないかという点を問題にしたいと思います。つまり、個としての教師としてのこだわり、個性を、能力を、それぞれの先生が発揮できるように、一人一人がユニークな専門家だと認める文化について、私たちは共通理解をしていこうという方向性が重要だと思うのです。

以上、日本とフランスを比較して、我々がそこから何を学び取るのか、私なりにポイントをまとめさせていただきました。

質疑応答

坂倉　たくさん質問をいただきまして、ありがとうございました。一問一答でお答えするのはむずかしそうなので、いくつかの質問を組み合わせたり、こちらで咀嚼したりしながら、もう少し続けさせていただきます。フランスの教員の主な職務は教科指導ですが、授業準備について、複数の質問をいただきました。三〇年程前、私がフランスで学校の調査を始めた頃は、教員しか入れない本屋さんがパリに数軒ありました。日本の大学の教員証でも入れました。そこでは、先生が活用できそうな、書籍、雑誌などがたくさん売られていました。フランスでは、教科書使用の義務がなく、学習指導要領に相当するプログラムもかなり簡素で、獲得されるべき能力が抽象的に示されているだけです。教科書も、制作会社によるプログラムの解釈でしかありません。たとえば、小学校の「造形芸術」という教科には教科書はなく、教員向けの参考書を見つけました。獲得されるべき能力をつけるための教材が三つくらい提案されて、それぞれの教材についてアプローチも三つ、四つ提案されていました。提案を参考にして取捨選択しながら、教員は授業を作っていくのでしょう。このような本屋は次々に姿を消していって、現在では情報がインターネット上のサイトで見つかるようになっています。まず、国民教育省が率先して作っている、教員向けのお役立ち情報サイトがありますし、教員たちによる任意団体が運営するサイトもあります。各教科、校種別に、自ら進んで教材研究を一生懸命やりたい先生たちが授業に役立つであろうコンテンツを作って公開しています。これを閲覧した教員たちは、自ら取捨選択しながら活用することができます。授業のすべてを自ら手作りすることも、インターネットで見つかるコンテンツを組み合わせながら授業を構成することも、担当教員の自由です。逆にいうと、他の先生も使っていいよという意識で教材研究を一生懸命やる先生もいらっしゃるということですね。

阿部 フランスの教員にはリベルテ・ペダゴジック（教授の自由）が認められています。プログラムが定める目標を実現するために、どのような教材、方法論を用いるかは、先生の裁量に委ねられています。教科書を使って教えてもよいし、使わなくてもよい。「教科書を教える」のではなくて「教科書で教え」てもよい、ということです。大抵の先生は、教科書の一部をプリントして配ったり、自作のプリントを活用したりしています。教員に教授の自由があるということは、逆にいえば、先生が変われば同じテーマでもやり方が違うということです。生徒からすれば、この先生とは相性がいいけれどあっちの先生は嫌だ、ということも大いにありえます。似た例では、一般の学校から国際バカロレア実施校の教員になると、たいてい、はじめは何をしたらいいのかと悩むと思います。目標だけ示されて、それを実現する手立てはすべて自分で用意しなくてはならないので、教材研究の負担は大きいですね。ですから、さまざまなリソースが、国民教育省やアソシアションと呼ばれる任意団体によって用意されていますし、教科書会社が資料を提案していることもあります。

上原 リベルテ・ペダゴジックという概念をご紹介くださいました。これは「学習指導に関わる自由」という意味です。フランスの学校の先生方は専門家としてリベルテ・ペダゴジックが認められています。遠足に行くクラスと行かないクラスがあったり、一旦ドアが閉められると校長といえども授業者の許可なく教室に入れないというのも、勉強になったのですけれども、それくらい担当の教員が授業に責任をもっている体制だということです。これが伝統的な姿ですが、最近話題になりましたのが、国民教育省が教師向け指導法マニュアルを作ったことです。要は、教え方がよくわからないので困っている教師向けに、脳科学に基づいた読み書き計算の指導法というマニュアルを国民教育省が作ったのですが、それに対して教師たちから相当な反発がありました。これを日本で見ていて、どういうふうに解釈したらいいのかなと。私も少し勉強したのですけれども、反発の根には、上意下達的に国民教育省から個々の教師に直接くるような力が働くと、自分たちのリベルテ・ペダゴジックが権力によって侵害されるととらえるのではないかと思います。リベルテ・ペダゴジックをどう見るかというラジオの討論番組を聴いたことがあるのですけれども、国民教育省の担当者は、先生たちは指導法がわからなくて困っているので、助ける必要があるというのです。一方である教育学者は、コレジアリテ（同僚性）という語を使いました。先ほど鹿毛先生のお話の中で同僚性という問題を提起していただいたのですけれども、コレジアリテという言葉はフランスではあまり聞かないのですけれど、この教育学者はこの言葉をあえて用いていました。それからポルト・ズーヴェルトという言葉も使っていて、「教室の扉を開こう」ということです。従来、学校の先生は教室に一旦入ったら自分一人で責任をもつ専門家であり、他の教員と授業を見せ合うなどという文化は元々なかったのです。上からやってくる指導法マニュアルと、互いの授業を見合うような文化が存在しないということが問題になっています。ですから、先ほどの鹿毛先生のお話では、日本では同僚性が強すぎて個々の教員の自律性が弱いのではないかというご指摘いただきましたけれども、フランスの側から見ますと、リベルテ・ペダゴジックを大切にしているのだけれど、中には指導法がわからず困っている教員もいるという現実もあって、近年では互いの授業を見せ合うという動きも起こり始めているようです。

坂倉　上原先生のお話は、おそらく初等教育の教員を念頭に置いたものだと思います。フランスで教員不足の問題は起きていないのかというご質問をいただいていますが、起こっていますね。二つ大きな問題があって、フランスでは職業修士課程で教員を養成するようになっていますが、一連の教員養成改革によって、従来に比べて修学期間が延びてしまったのです。特に、数学をはじめとした理系の科目を担当する中等教育の教員について、そもそも採用予定数の受験者が集まらず、慢性的な教員不足に陥っています。初等教育を担う教員についても、従来は一年で資格を取れていたところが五年に延びたのですね。わずかな給料の上乗せはありましたけれども、やはり慢性的に候補者不足になっています。そこで、異業種から転換した教員を小学校で積極的に登用するようになりました。おそらく上原先生が言及されたのは、異業種から転職してきた先生たちの中に、どうやって子どもたちに教えたらいいかわからないという悩みが出てきていることへの一つの対応として、国民教育省はよかれと思ってマニュアルを用意したという面があるのだろうと思います。ただ、そうなると、自分たちは自律的に自分の力量と信念で授業を作っていく専門家であるという意識をもった従来型の教員たちは、自分たちの権限を侵すものと見て反発したのでしょう。授業を見合って批判し合ったり改善し合ったりするという意味での同僚性は、フランスでは非常に希薄なのではないでしょうか。一人で授業に責任をもつ専門家なのだという意識が、日本の教員よりはるかに強いので、別の先生と自分のアプローチが違っているのは当然だというふうに思うはずです。おそらく他人の授業を見るということがそもそもないですし、干渉するとか意見するということはほぼないのでしょうね。

阿部　他の先生の授業を見ることは一般的ではありません。最近では、研修のときに多少あるかもしれませんね。研修では実践的な内容も多く、フォルマトゥール／フォルマトリス（養成者）と呼ばれる研修を行う人たちは、教員の中から選ばれ、養成者として認められた人なのです。研修の場では、意見交換や情報共有ができるチャンスがあります。その研修に行く場合、週末ということはまずなくて平日なので、自分の授業を潰して参加する権利があるということになっています。通常業務の外に研修があるのではなくて、通常業務の勤務時間内に研修が実施されていると考えてよいと思います。研修に参加するための費用に関してご質問いただきましたが、最低限の経費や旅費などは支給されますので、自己負担は原則ありません。

坂倉　日本の免許更新制は、夏休み中にエクストラで研修を受け、かつ高額な費用負担が生じていたわけで、フランスとは随分事情が違っているように思います。次に、モンスターペアレンツのような存在はいないのかという質問が複数きていますが、フランスにはそのような特別の言葉はありません。イギリスではヘリコプターペアレンツという言葉があるそうです。子どもの周りを常に親が徘徊しているイメージです。フランスには特別な言葉づかいは私の知る限り存在しないのですが、パリのあるリセが会場となった、教育学の大学教員と学校の先生方が登壇するシンポジウムに出たことがありましたが、そこでは、複数の登壇者が、「学校が公共空間であることを理解していない親」という表現を使われていました。プライベートな場所で主張していいことと、パブリックな場所で主張していいことは、普通区別されるべきものなのに、その区別がついていない、ということですね。ただ、フランスでは、管理職が一旦引き取って対応するというのが原則のようで、個別の教員、授業をもっている教員が表だって対応するということにはなっていないのが、大きな違いかと思います。

阿部　フランスでも、保護者の意見は非常に強いものがあります。学校だけではなく保護者にも教育の責任があるわけで。たとえば、学校に行かせずに保護者が家で自習をさせても、フランスでは許されることがあります。学校に行くことだけが教育ではないという考え方をもつ国です。保護者のクレームを吸い上げるのは、たとえば管理職や学級評議会の場ということになります。学級評議会は学期に一回あって、そこには保護者の代表と生徒の代表、そのクラスの授業を担当している教員全員が招かれて、司会を担当する管理職が一人います。そこで、保護者の意見を保護者代表がまとめて提示します。生徒の中で問題があれば、それを生徒の代表がまとめます。この会議は、成績会議も兼ねています。保護者や生徒の代表は、クラス全員の成績・評価を知ってしまうわけで、本当にあけっぴろげな場です。保護者代表、生徒代表は、選ばれてその場にいるという意識が非常に強いので、通常はプライベートな個人の感情からではなく、公的な発言をします。こうしたクッションを入れて、保護者の意見が教員側に入ってくるのが特徴的だと思います。もちろん、中にはこうした手続きを飛び越えて、メールなどで直接連絡してくる保護者もいるにはいるのですが、行き過ぎれば管理職に引き取ってもらうことが可能です。ですから、日本の教員のような負担を感じることは少ないかと思います。

上原　義務教育の意味は日本とフランスとで違っていて、日本の場合、就学させる、学校に行かせることが親の義務ですが、フランスの場合は教育を受けさせるのが義務で、確かに大多数の子どもが学校に行くわけですが、家庭で教育を授けることもできるし、私立学校の中には国の補助金を一切受けとらずにプログラム（学習指導要領）に従わない教育を行うところもあります。オンライン参加の方から興味深いご質問をいただいています。コロナの前後でフランスの学校はどう変わったのか、ということです。まったく不勉強ですぐにお答えできないのですが、大阪大学の園山大祐先生という、フランスの教育研究の第一人者が、『コロナ禍に世界の学校はどう向き合ったのか』（東洋館出版社、二〇二二年）という本を編著で出されております。ぜひお読みいただきたいのですが、この本の中で園山先生が書いておられるのは、フランスでは自宅での教育が認められているので、もともと遠隔教育が発達していて、国立の遠隔教育センターという組織があって、通信教育によって義務教育を授けるコンテンツが整えられていた、それがコロナの時にうまく活用できたということです。

阿部　フランスでは、学校に行くことそれ自体をそれほど大事にしていないのです。皆勤賞などというものも存在しません。

坂倉　日本では、「本日は休校」というお知らせがこない限り、どんなに天候が悪くても、雪が降ろうが炎天下だろうが、台風がこようが、とにかく学校に行こうとします。フランスでは、ある限度を超えた大雪とか、熱波で四五度を超えたとかいうときには、外を歩くだけで命が危ないですね。はじめから、生徒も先生も学校には行こうとしません。それに、頻繁にストライキがあって、公共交通機関が麻痺するので、そういうときも同じです。学校に行くかどうかはさておき、中身として、ある能力を身につけるということについては、日本よりもはるかにこだわりがあるので、留年が小学校段階から存在します。二〇年ぐらい前にある校長先生とお話をしていて、衝撃を受けたのですが、日本では留年させると他の子より遅れてしまってかわいそうと考えるのが一般的だと思うのですけれども、フランスでは、留年させてあげないともっと難しいことをやらされてかわいそうだと考えるということがわかったのです。非常に合理的ですね。

上原　昔は小学校で何度も留年することもあったのですが、法改正によって現在では小学校段階での留年は一回だけになりました。何度も留年させると、子どもがやる気をなくすので。中等教育段階では、同一学年で二度留年になると、別の課程に移らなければなりません。フランスの場合、義務教育が三歳以上一六歳未満と年齢で決まっていて、課程で定められていません。ですから、留年をくりかえすと、中学の途中で義務教育が終わってしまうということもありました。

坂倉　出口の管理が、フランスと日本で大きく違いますね。たとえば、リセの修了資格と大学入学資格を兼ねるバカロレアは、個々の教員の力が及ばない全国一律の国家試験でしたね。かつては大変な難関で、受験前のストレスは相当大きかったようですが、近年、大きく変わりましたね。

阿部　はい。改革後も再三の修正が加わり、昨年度の卒業生でやっと定着した感じです。かつては、四時間とか三時間とか、かなり長時間の試験を受けて、その成績で合否が判定されていました。あまりにも長いので、試験中におやつを食べたり、水を飲んだり、トイレに行ったりしても構いません。システムが大きく変わって、一般バカロレアの場合、試験の比重が全体の六割、残りの四割が平常点、つまりリセの二、三年目の普段の成績が反映されることになりました。そうなりますと、教室の中でもバカロレアの点数が決まっていくということになります。平常点をつけるのは目の前の教員なので、生徒にとってはいくらでも文句のいいようがあるし、それが原因で教員と生徒の関係がピリピリすることもなくはないのです。以前は、国家試験であるバカロレアを突破するために、教員と生徒が協力する関係だったので、その意味では少しやりづらくなりました。かつては、バカロレアを突破するための力を生徒につけさせるプロとして、教員は信頼され、尊敬されてきました。知識の量を競うのではありませんから、日本のように塾に通って準備するのではなくて、学校でしっかり学んだ方法論を用いて解答するという性格の試験です。

坂倉　かつてのようにバカロレア試験一発で合否が決まる仕組みは、指南役の先生に対する尊敬の根拠となっていたのでしょう。それが平常点を加味することになって、目の前にいるこの教員をなんとかすればよい点数がつくということになると、やっかいな生徒も出てきたのでしょう。

阿部　ただ、フランス人は忖度をしないので、評価の一貫性は崩れていないように思います。それぞれの教員には、この答案には一五点以上はあげられないといった基準がしっかりあります。教員なりに明確な職業的意識がないと、そもそも成り立たないシステムなのかと思います。

坂倉　シンパシーを感じながら聞いていました。私も基本的に忖度しない人間だと思っているのですけれども、同調圧力は常に感じています。フランスの先生たちが留年の話、あるいは飛び級の話をするときもそうなのですが、一定の力量形成に対して責任をもって授業をされていて、めあてがどこまで実現できているかということに、それぞれの先生たちが絶対的な基準をもっているように見えます。フランスでは二〇点満点で成績をつけるのですが、一二点が合格ラインだとして、どのぐらいの分布で成績をつけていくのか、一六点だったら、すごく優秀だという意味でしたよね。今では、なんとかバカロレアを合格にしようという国家政策もあって、成績のつけ方もずいぶん甘くなったと伺っていますが。日本の場合、なんとなく同調圧力で成績のつけ方が甘くなることがあるように思いますが、フランスではそれぞれの先生が独自の物差しで成績をつけることに生徒からあまりクレームはつきませんね。

阿部　教員が勝手な指針で点数をつけて、いつも厳しいとか甘いというのも困るので、一応公的な評価基準はあります。ただ、それも微に入り細に入りというものではありません。

坂倉　フランスの学校では、小学校段階から成績が全員分、何らかの形で掲示されます。例えば期末試験の成績など、科目ごとに全員分皆の目に触れるところに張り出されます。あの子の成績がこうだから自分はこのくらいか、というふうに納得するのですね。教員の成績のつけ方が妥当であるということを、皆が確認できる仕組みになっているのです。日本人としては抵抗があることなので、いろいろな人に聞いてみました。大学生に聞くと、「子どもの時からずっと成績は張り出されるものだから気にしていない」と答えるのです。もし、フランスの学校に勤めていたら、成績という個人情報を漏洩したという罪には問われることはありません。

阿部　私の勤務校では点数を張り出すことはないのですが、学級評議会（成績会議）では、他の先生が何点をつけていて、どんなコメントを書いたかも全部わかってしまうのです。もちろん守秘義務はあるのですが、オープンですね。それから、バカロレアは点数までは出ませんけれど、合格した生徒のリストが張り出されるので、やはり、成績を個人情報とは考えていませんね。

坂倉　フランスでは、それぞれの先生が自分の信念に基づいて、それが誰の目に触れても構わないという前提で成績をつけていて、それで公正性が担保される制度的な仕組みになっていると思います。日本では成績が非常にセンシティブな秘密になっていて、さらに、四観点から書かなければならないし、特別の教科道徳なども記述式ですね。フランスは基本的に数値ですよね。

阿部　フランスの学期ごとに出す成績表は、コレージュではコンピテンシー評価（場合により点数併記）という形に変わっています。その達成度が四段階レベルの色分けでつき、それに各教員がコメントを書きます。例えば一六点を取るようなかなりできる生徒でも、コメントのところに「勉強はよくでき、テストや課題の点数もいいけれど、授業中はうるさい」と書かれることもあります。学級評議会では、保護者代表、生徒代表など、皆の目に触れて承認されていきます。こうした手続きを経て、成績が公的な意味をもつことになるのです。日本の仕組みと随分違っていますよね。手間はかかりますが、後々揉め事にはなりづらい仕組みになっていると思います。コメントも、たくさん書く教員もいればそうではない人もいるので、いろいろです。

坂倉　問題行動についての情報の共有の仕方も少し独特ですよね。

阿部　フランスには生徒指導専門員（CPE）という役職が置かれています。教員の学級担任もいるのですが、朝のショートホームルームや帰りの会などはありません。ですから、教員が朝必ず何時に出勤しなければならないとか、何時までいなければならないということはありません。それで、先程話題になったような勤務形態が可能になるのです。逆にいえば、授業のときにしか自分が担任をしている生徒に会わないということでもあります。それで、何かあると、臨時で学級の時間などを設けて、クラスの中で起こっていることを共有したり、何か取り決めをしたりということをします。そういう意味では、担任もクラスの管理運営に関わるのですが、懲罰を与えるといったような部分については、生徒指導専門員が担当します。授業中にいつも騒がしいとか、カンニングをしたというような場合、教員が直接その生徒に罰を与えるのではなく、生徒指導専門員に依頼して生徒や家庭に連絡してもらうという形を取っています。面倒ではありますが、複数の職員が関わることによって、個別の教員が一人で指導責任を担うのを避けられる仕組みになっています。いただいた質問の中に、教員になろうというモチベーションに関わるものがありました。日本ですと、子どもが好きで、例えば「金八先生」のように一生懸命に子どもの生活全体に関わろうとする教員が理想化される傾向にあるように思います。「金八先生」のドラマでは、そもそも何の教科の先生なのかと疑問に思うほど、国語の授業の場面がありませんね。フランスには、固定化した理想的な教員像などありません。教員は生徒の日常生活にまで入り込んだり、家庭環境について関わりをもったりということはせず、学校での授業だけを担っています。家庭訪問もありませんし、基本的に家庭の問題に教員は立ち入りません。もちろん、いろいろな家庭事情を抱えている生徒や、障害を抱えている生徒もいますが、フランスの学校制度の前提は「共に生きる」ということで、クラスに特別な援助が必要な生徒がいても、その人を援助する補助員が別に雇われています。家庭の事情は一応、生徒指導専門員や担任に伝わっていることが多いですが、それについて他の教員が特別な配慮をするということは、あまりありません。

坂倉　たとえば、家でフランス語をまったく使っていないといった事情も考慮されません。学校の中ではフランス語を話すことを前提にしています。伝統的にフランスでは「知の伝達」が何よりも重要な学校のミッションとして掲げられてきました。知の伝達を通じて健全な判断力を鍛えていくのだと。最近は少し趣が変わってきて、「共和国の価値」を共有するということが前面に出てきましたが。いずれにしても、知の伝達を超えて、関心、意欲、態度を問うことはありません。ある知識を身につけた、ある種の操作ができるようになったということだけではなくて、日本では態度などを重視するので、教員が担う役割がフランスよりもずっと大きくなるのです。

阿部　フランスは実に多様な人たちが集まって社会を形作っているので、フランス的な考え方、つまり市民としての義務や権利を教えることが大切にされます。出自、国籍、背後にどんな文化を抱えているかなど、関係ありません。フランス語を話さない人は受け入れてもらえない。移民に出自をもっていようが、それは関係がなくて、フランス語を的確に話して、一定の知識と常識を弁えて、同じように市民としての価値観を共有していることが大切にされる国です。外国に出自がある生徒でフランス語ができないとなると、徹底的にフランス語を教え込まれます。日本では、そのような場合に、徹底的に日本語を教えるというところまで行っていないように思います。

坂倉　そうですね。フランスに滞在中に、「お前はフランス人か」と聞かれたことがあり、驚きました。もはや、外見的特徴でフランス人か否かを判断することなど不可能になっていて、何よりも重視されるのはフランス語を話すかどうか、フランス市民、さらにはヨーロッパ市民としての教養と価値観を共有しているか、ということですね。日本では、外見的特徴の同一性を大切にしているところがありますね。フランスで決定的なのは言語で、バカロレアでも、ブルヴェ（コレージュ修了免状）でも、的確なフランス語で文章として自分の意見を書く能力が何よりも重視されます。次にインクルーシブ教育についての質問も複数きています。ていねいにお話する時間はありませんが、フランスは比較的ヨーロッパの中ではインクルーシブ教育については遅れていると評価されています。逆にいうと、聴覚障害、視覚障害など、カテゴリー別に分けられた障害に応じる専門性の高い高度なサービスを提供してきたがゆえに、すべてを包括するインクルーシブの観点から見ると遅れていると評価されていると解釈することもできるでしょう。実際には評価は難しいです。現在では、一般の学級に「障害のある状況にある子ども」を受け入れることが推奨されていますが、必要に応じてオクシリエールと呼ばれる補助員を配置することになっていて、すべてを先生に丸投げではありません。

阿部　少しずれてしまうかもしれませんけれど、「公平とは何か」ということが、フランスと日本では根本的に違うのではないかと思います。フランスでは、専門医の所見に基づいて特定の生徒、例えば、話す能力は通常であるが、書くことを苦手としていて時間がかかるというような場合など、本来三時間の試験を四時間で解答することを許したりしています。そのような多様な公平性を学校で実現していくのは、これからの日本の学校の課題かもしれません。

坂倉　フランスでは学校が知の伝達の場であるのに対して、日本の場合は、よりいっそう、生活の場であることが求められているというご指摘もいただきました。たとえば、勉強はできなくてもよいが、皆で仲良くできることを大切にするとか。あるいは、さまざまな行事があります。知育として必要かという論理よりは、生活の場としていろいろなイベントが設定されているように見えます。

阿部　生活の場というイメージはフランスの学校にはあまりないですね。教員にしても生徒にしても、自分のイニシアチブで動くことが根本にあるので、イニシアチブをもって動かなければ評価されないですね。出来はよくなくても一生懸命頑張っている生徒はそれなりに認められます。自分からイニシアチブを取ってクラスをまとめていこうとクラス委員に立候補すると、実際の選挙のようにポスターを作って、クラスの皆が直接選挙で選びます。フランスの大統領は直接選挙で選ばれますが、その練習をしているのです。自分から進んで参加する意識がある生徒が育まれていく一方で、そうではない生徒がどう取り残されていくかという課題もどこかにあると思います。特に日本にルーツをもつ生徒は出しゃばらない、出る杭は打たれるという意識をもつ傾向があります。日本ですと、クラスの中で静かにしていることが美徳になるのですけれど、フランスではそれはまったく評価されないのです。

坂倉　イニシアチブという言葉はよく使われるのですが、訳しづらいですね。要するに、自分がやりたいからやっているという感じですね。フランス人の先生方は、授業準備、教材研究など、やりたいことはとことんやりますね。ところが、やらされている感があると反発してやらない。

生徒の書いたものを丁寧に添削される先生も少なくありません。なぜそんなに頑張るのだろうと思うのだけれど、「やりたくてやっているだけだからいいんだよ」という言い方をされるのです。私だったら、大体は見ますけど文章の細かい部分まで直しはしないでしょう。ですから、問題は必ずしも仕事の量ではありません。無理にやらされているという意識を抱いても、我々日本人はあまり強く反発できないものだから、仕事だから仕方がないと我慢していることが溜まってストレスになっている面もあるように思います。フランスではイニシアチブが大事で、行動か言葉で表現しないと無価値、存在しないのと同じですね。日本人だったら、なんとなく以心伝心を期待する部分が、フランスでは通用しません。公共の場で自分の立場をしっかり表現できることが必要で、バカロレアで長文の文章を書かせる試験も、そこにつながっているように思います。

阿部　フランスでは、暗記した知識を並べただけではまったく評価されません。今ではAIなどもある程度の文章を作ってしまう時代ですが、そういう解答は高く評価されませんね。複数の生徒が同じような文章を書けば、カンニングが疑われるほどです。与えられた課題にその場でどう対応できるかが問われる試験だと思います。一つの正解があるのではなくて、たとえば「哲学科」であれば、与えられた課題から各人各様の考える結論を導くまでの過程の方が大切にされます。日本の場合は、大体皆わかるよねという「共感」点が想定されているように思いますが、フランスでは、異なる考え方をする人を説得できる論理性が大切にされるのです。

坂倉　フランスでは、道徳・公民科（EMC）という教科があって、我々は科研費をもらって阿部先生の学校で調査に入っているところです。日本の道徳教育では、感情が前面に出ていて、感情移入だとか共感の問題が大切にされるのですけれども、フランスでは、原理原則を個別の状況に当てはめてみて、どう行動するのが妥当なのかという判断に導く、その意味で徹頭徹尾、理性的な構造になっています。もっとも、これは単に教科の問題というよりはもっと広いコミュニケーションの有り様の問題です。日本語話者の間では、共感や同意が重視されて、なんとなく皆が納得するあたりで落ち着きますね。理性の力で相手を論破して納得させるといったことをあまり好まない文化といえましょう。そうしたことが学校にまで降りてきている例ではないかと思います。随分時間が押してしまいましたが、最後にやはり事務仕事のストレスが日本の先生方にあるように思いますが、フランスでは事務仕事はあまり問題になりませんよね。

阿部　おそらく日本の先生方が負担に考えていらっしゃる事務仕事はないかもしれません。でも、必ずしもフランスの学校がパラダイスというわけではありません。授業は朝八時から夕方六時まで設定されています。もちろん、朝から晩までずっと授業が詰まっているわけではないですが。簡単にいえば、集中的に授業をやる週とバカンスの週があるというイメージです。フランスの経済社会全体がそのようになっていると思います。出勤前に学校に子どもを預けて、子どもが帰る夕方には帰宅できるようになっています。日本の教員は定時から定時まで学校に拘束されていますが、フランスでは教員がバラバラな働き方をするので、同僚とはメールでコミュニケーションを取る他ないのですが、これがなかなか厄介です。

坂倉　日本の小学校の先生は一週間の教育計画を毎週作成していますし、大学でも、教育の改善計画といった書類を作成しています。これが本当に教育に役立つのかどうかは疑問なのですが。

阿部　シラバスは作りますね。教材も教え方も自由ということは、シラバスを一から作る必要があるということです。毎回、指導案を書いたりもしていられません。視学官が授業視察に来るといった場合などには作るかもしれませんが、それもおそらく略案といった程度のものです。

上原　いただいたご質問それぞれにお答えできなくて申し訳ないのですけれども、坂倉先生と阿部先生のやり取りの中で、間接的にお答えになっているのではないかと思います。大変刺激的な議論を踏まえて、すべてに関わるようなお話を手近にさせていただきます。卒業式です。日本の卒業式では、国旗を掲揚し、国家を斉唱し、愛国心を育てると学習指導要領には位置づけられていますが、子どもの感覚からすると、多分学校への愛着を表明する場なのではないかと思います。これまでフランスの学校を調べている人たちの間で常識だったのは、フランスの学校には卒業式はないということです。ところが二〇一六年からコレージュで卒業式らしきものが行われるようになりました。大変不思議ですけれども、リセに入学した子どもをコレージュにもう一度集めてやります。コレージュの四年目、卒業時に国家試験を受けます。先程も言及がありましたが、ディプロム・ナショナル・デュ・ブルヴェというコレージュの卒業資格を国が認定します。日本では校長が卒業証書を渡しますが、フランスではコレージュの卒業国家試験があって、それに合格すると国民教育大臣の名前で免状がもらえます。この免状の授与式がいわゆる卒業式です。夏のバカンス前に国家試験があって、採点は学校の先生がやるのですが、追試がバカンス中にあるものですから、卒業の時に授与式ができないという、日本では想像できない状況です。なぜ二〇一六年にこの式典を始めたのかといいますと、これはまさに愛国心の育成です。日本以上に愛国心が強く出ています。はじめて国家から免状をいただく機会を学校をあげてお祝いするということです。義務教育を終えるタイミングで、単に出席日数のみに基づいて形式的に与えるのではなくて、国家試験に合格したことをお祝いする機会です。九月に行われる変な卒業式を、道徳教育として、また知育としてどういう評価をするかは、これからの研究課題なのですけれども、大変面白い現象です。先ほどインクルーシブ教育のお話がありましたけれども、この儀式では、特別支援向けの別の資格も併せて授与することになっています。この儀式を「共和国的な儀式」として挙行するというのが二〇一六年に始まって、私たちフランスに関心がある者たちからすると随分変わったという印象です。先ほどの鹿毛先生のご指摘を受けて、日本とフランスの相違を考えていましたが、フランスにも日本に近づいているところが若干あるのかもしれません。

鹿毛　本当にきてよかったです。いろいろ考えさせられました。一つだけ申しますと、子どもたちにとってどうかという視点です。子どもたちが経験する学校は、日本とフランスでは全然違うのでしょう。日本の場合、例えば合唱コンクールのようなものを、先生たちが関わって毎年のように経験することが、人間の成長にとってどのような意味があるのでしょう。一方で、合理的で自律性を大切にする学校で育つ子どもたちはまったく違う育ち方をするでしょう。どちらがいいとか悪いとかではありませんが、当たり前を疑うということと真剣に向き合う時間でした。

坂倉　多分、そこにもう一つ絡んでくるのが社会ですね。おそらく日本の学校が担っている多くのことを、フランスではさまざまな形で社会が担っているように思います。ＮＰＯ団体とか、プロのスポーツチームのサテライトチームであるとか。そういうことも含めて、トータルで子どもが育ってくるということで、日本の場合、何でも学校任せにしてしまったということがあるように思います。時間がかなりオーバーしてしまいましたので、これで終わりたいと思います。ありがとうございました。

「早稲田教育ブックレット」№.32刊行に寄せて

三尾　忠男

このブックレットは、早稲田大学教育総合研究所主催の教育最前線講演会シリーズ三八「『先生は忙しい』というけれど…それって先生の仕事?―フランスの教員の働き方を参考に考える―」(二〇二四年七月一三日開催)における講演と座談会をもとに内容を構成したものです。本講演会の参加者は近年で最多となり、広くたくさんの方の関心を得るテーマでした。私も本書の原稿を読み、「今、考えるべきことは『働き方』ではなく私たち一人ひとりの『生き方』なのでは?」と感じています。

労働者人口比率の急激な減少が進む日本では、一人ひとりに汎用的能力が必要とされています。社会人のリスキリング推奨や学校でのＩＣＴスキル習得重視がその例でしょう。一方、医師等の専門職にはさらに高度な知識が求められています。専門職である「教師」が時代を先取りして職能を高め、その専門性を発揮することが必要です。自立した一人ひとりが「日常」を見つめ、過多な情報に惑わされずにゆとりある生活を目指す「ヒト」の在り方を考えてゆきたいと思います。

この講演や議論は、こうした問題に取り組んでいくための重要な意味をもつものであると考えます。また、本研究所の今後の企画・運営がより実り多いものになりますためにも、ご感想・ご要望・ご意見等をお寄せいただけますれば幸いです。

最後になりましたが、本書の編集と刊行では学文社の皆様、教育総合研究所のスタッフの皆様に大変お世話になりました。心より御礼申しあげます。

(早稲田大学教育総合研究所　所長)

著者略歴（2025年３月現在）

阿部　弘（あべ　ひろし）
東京国際フランス学園中高等部　日本語・日本文学教諭
略歴：東京学芸大学教育学部中等教育教員養成課程国語科卒業。東京の私立校に勤務後、渡仏。リセ・アンテルナショナル校（サン・ジェルマン・アン・レイ）、リセ・ジャン・ドゥ・ラ・フォンテーヌ校（パリ一六区）、シテ・スコレール・アンテルナショナル校（リヨン七区）の日本セクション教員を経て、二〇一七年に帰国後、現職。

上原　秀一（うえはら　しゅういち）
宇都宮大学共同教育学部教授　修士（教育学）
略歴：東京学芸大学教育学部卒業、同大学大学院教育学研究科修士課程修了・連合学校教育学研究科博士課程単位取得満期退学。国立教育研究所研究員、文部科学省係長、宇都宮大学准教授を経て二〇二四年四月より現職。専門は教育哲学・比較教育学。

鹿毛　雅治（かげ　まさはる）
慶應義塾大学教職課程センター教授　博士（教育学）
略歴：横浜国立大学教育学部心理学専攻卒業、慶應義塾大学大学院社会学研究科教育学専攻博士課程単位取得退学。日本学術振興会特別研究員、慶應義塾大学教職課程センター助手、同専任講師、同助教授を経て現職。専門は教育心理学。著作：『学習意欲の理論』（単著）、『授業という営み』（単著）、『モチベーションの心理学』（単著）など。

坂倉　裕治（さかくら　ゆうじ）
早稲田大学教育・総合科学学術院教授　博士（教育学）
略歴：早稲田大学第一文学部哲学科人文専修卒業。慶應義塾大学大学院社会学研究科教育学専攻博士課程修了。日本学術振興会特別研究員、立教大学文学部教育学科専任講師、助教授、教授を経て、現職。専門は、教育哲学、フランス思想、書誌学。著書に、『ルソーの教育思想』（風間書房、一九九八年、第一六回渋沢＝クローデル賞受賞）、訳書に、ルソー『人間不平等起源論』（講談社学術文庫、二〇一六年）ほか。

三尾　忠男（みお　ただお）
早稲田大学教育・総合科学学術院教授　修士（教育学）
略歴：鳴門教育大学大学院学校教育専攻修了、文部科学省大学共同利用機関　放送教育開発センター助手・助教授、（同機関）メディア教育開発センター助教授、早稲田大学教育学部助教授を経て現職。専門は教育工学。学習のデジタル化、ＡＩの教育活用のユースウェア的考察、ＩＣＴ活用のアクティブ・ラーニングに関心を持っている。『授業評価活用ハンドブック』（分担執筆）